I0845263

Florestas e seus animais

Copyright © 2023 livro de colorir
ISBN: 9798858402688
Relaxante e educativo livro sobre florestas e animais

Para mais informações:
Márcio C. Renner
mrenner77@gmail.com

O autor é apaixonado pela natureza,
arte e cultura.
Ele aproveitou a oportunidade não só para ter um
hobby de pintar animais, mas também para trazer
mais informações sobre seus habitats.
Haverá muitos momentos de alegria e conhecimento.

Divirta-se!!!

Veja também outro livro do autor

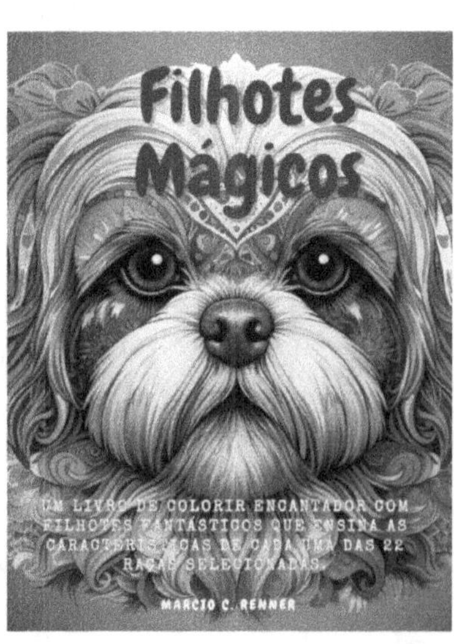

Este livro está sendo colorido pelo artista:

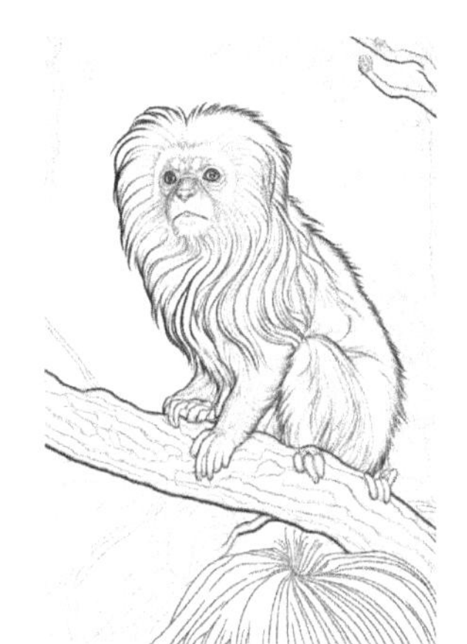

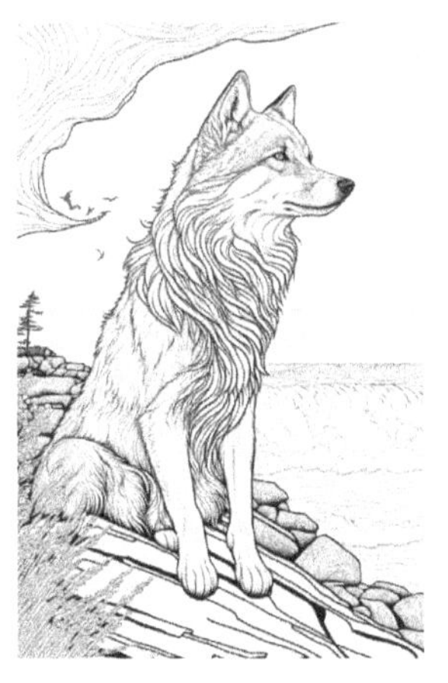

Floresta Tropical

É um tipo de domínio fitogeográfico caracterizado por receber uma grande quantidade de chuvas e apresentar elevados índices de biodiversidade e de evapotranspiração. A umidade e as altas temperaturas são as principais características das florestas tropicais.
São biomas com maior produtividade e variedade de espécies do planeta.
Ela também é chamada de floresta pluvial tropical ou floresta úmida em virtude do elevado índice pluviométrico das regiões onde se encontram. Recebem essa denominação porque estão localizadas entre os trópicos de Câncer e de Capricórnio.

As principais características das florestas tropicais são: a presença de árvores altas, o clima quente e a elevada precipitação. A temperatura média atinge 20°C e chove cerca de 1.200 milímetros anuais.
Apesar de suportar uma enorme variedade de plantas, os solos das florestas tropicais são pobres. A sua produtividade é garantida pela grande disponibilidade de água e temperatura elevada. Além disso, os nutrientes necessários encontram-se em sua maior parte na biomassa das próprias árvores vivas do que no solo.
O processo de decomposição da matéria orgânica é extremamente rápido nas florestas tropicais e é isso que garante a ciclagem dos nutrientes.

Onça-pintada

A onça-pintada, também conhecida como jaguar, é um grande felino nativo das Américas. É o terceiro maior felino do mundo - depois do tigre e do leão - o maior nas Américas. É um animal carnívoro que se alimenta de uma variedade de presas, incluindo veados, macacos, aves, peixes e mamíferos menores. A onça-pintada é um predador no topo da cadeia alimentar e desempenha um papel importante na manutenção do equilíbrio do seu ecossistema.

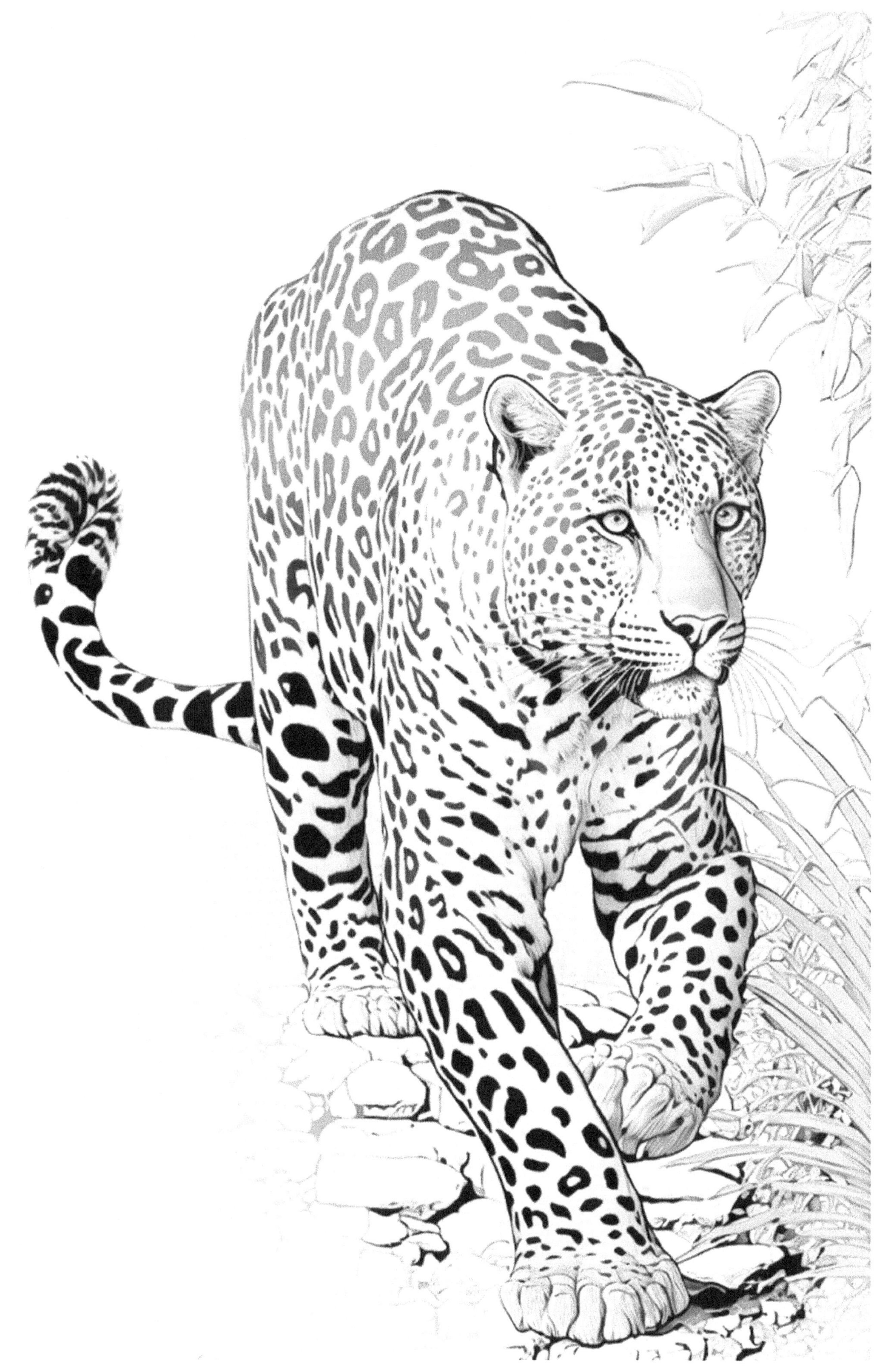

Mico-leão-dourado

Ele vive exclusivamente na Mata Atlântica brasileira, no estado do Rio de Janeiro.
O mico-leão-dourado é um animal ameaçado de extinção há muito tempo por causa da destruição do seu habitat, sua sobrevivência se deve aos projetos e unidades de conservação.
É um mamífero, cujo comprimento pode variar entre 27cm e 30cm, sua calda pode medir até 40cm de comprimento e o seu peso fica ente 350g a 800g.

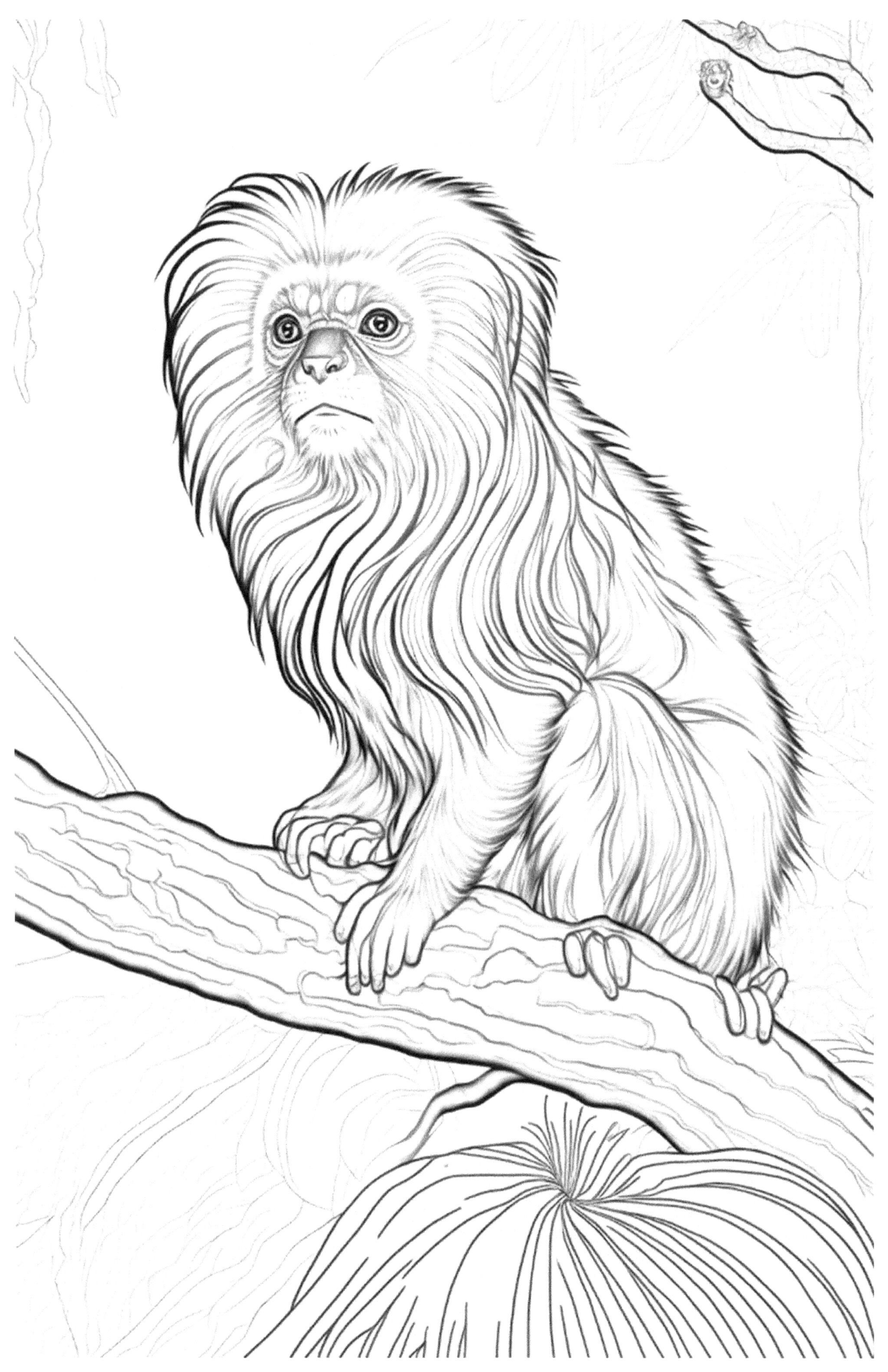

Peixe-boi

O peixe-boi também conhecido como manatim, é um grande mamífero aquático encontrado em águas costeiras rasas e rios. É um animal herbívoro que se alimenta principalmente de plantas aquáticas. Os peixes-boi são animais de movimento lento e são conhecidos por sua natureza gentil. Eles também são uma espécie ameaçada devido à perda de habitat e caça.

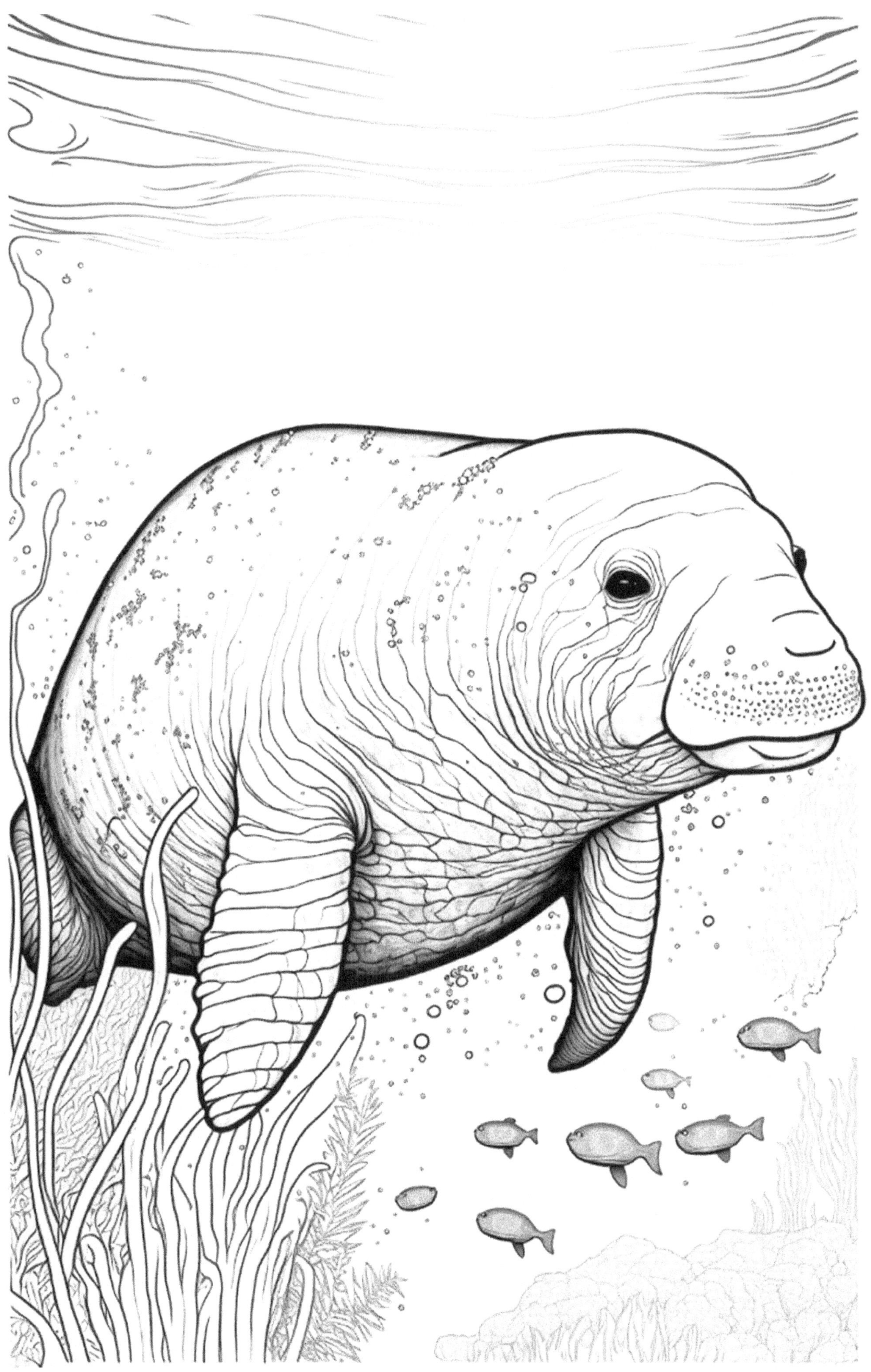

Araras

Araras são grandes pássaros coloridos pertencentes à família *Psittacidae*. Eles são nativos da América Central e do Sul e são conhecidos por sua plumagem brilhante e bicos fortes. Araras são pássaros sociais que vivem em bandos e se alimentam de frutas, nozes, sementes e insetos. Algumas espécies de araras estão ameaçadas devido à perda de habitat e captura para o comércio de animais de estimação.

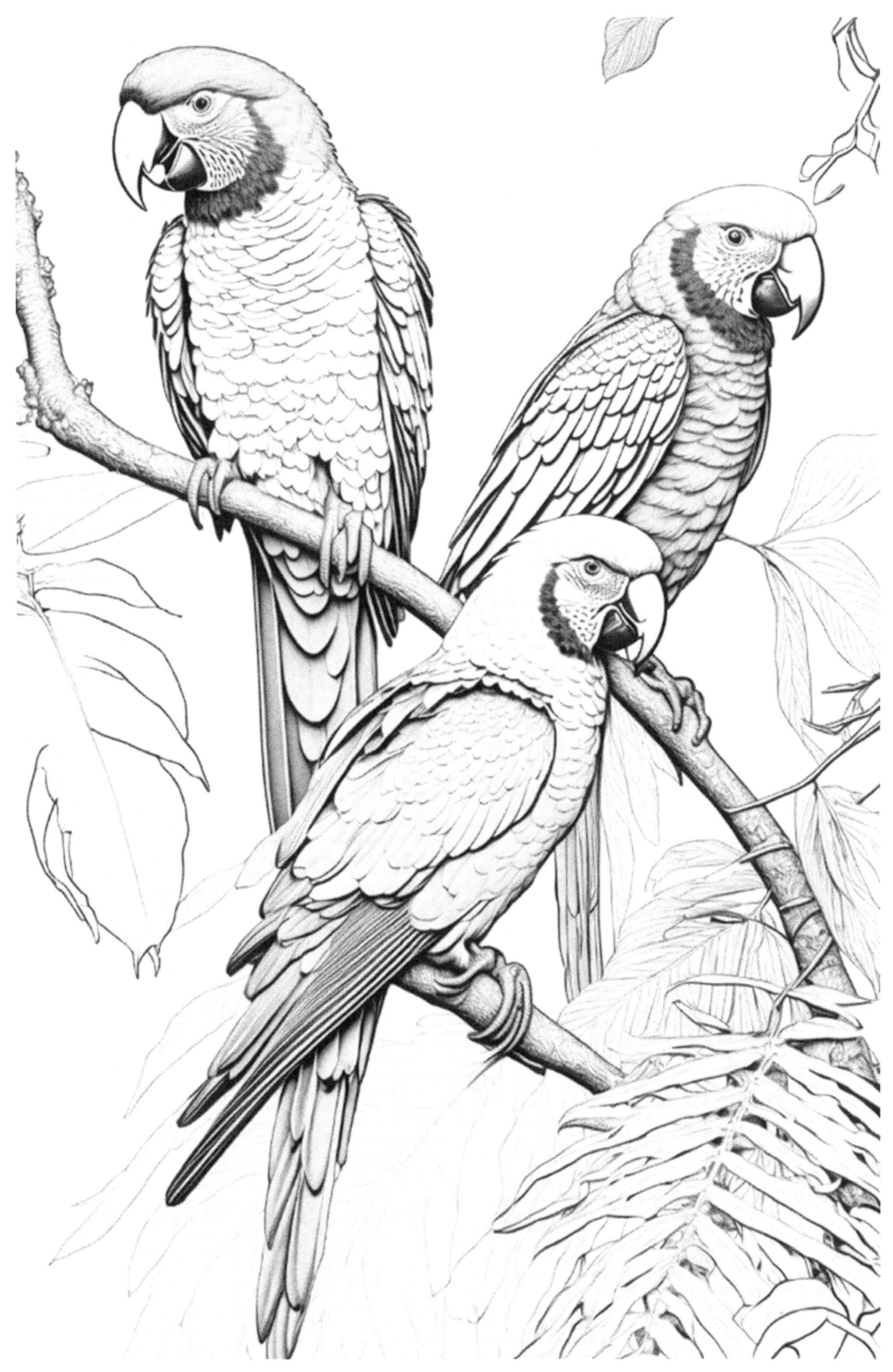

Jaguatirica

A jaguatirica, também conhecida como ocelote, é um gato selvagem de tamanho médio nativo das Américas. É um animal carnívoro que se alimenta de uma variedade de presas, incluindo roedores, coelhos, aves, répteis e peixes.
A jaguatirica é um animal solitário que é ativo principalmente à noite.
Também é uma excelente escaladora e pode ser encontrada em uma variedade de habitats, incluindo florestas, pastagens e áreas úmidas.

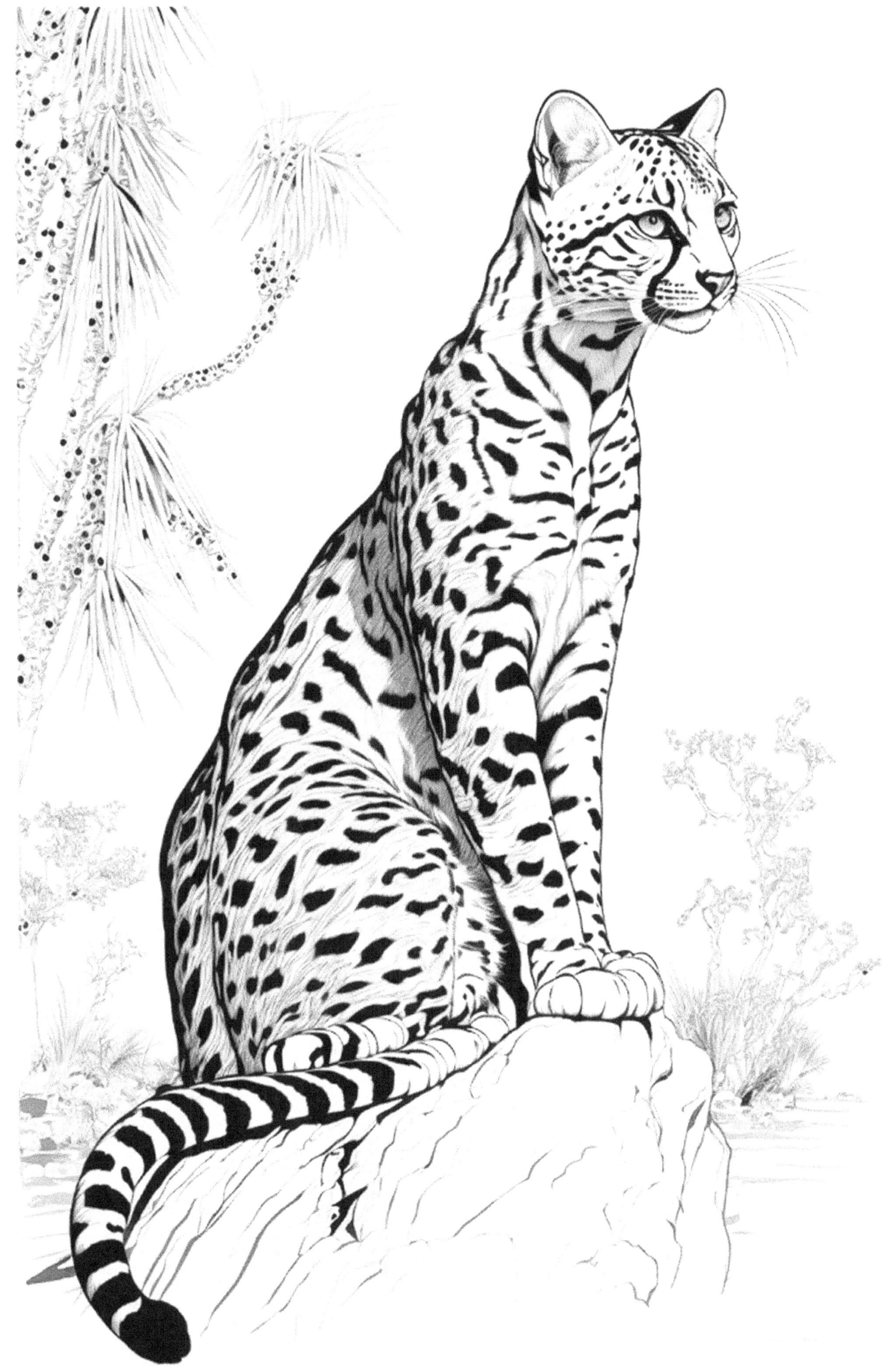

Tatu

O tatu também conhecido como armadillo, é um pequeno mamífero nativo das Américas. É conhecido por sua casca distinta semelhante a uma armadura e longas garras usadas para cavar.
Os tatus são animais onívoros que se alimentam de insetos, pequenos vertebrados, frutas e carniça.
Eles também são conhecidos por sua capacidade de se enrolar em uma bola quando ameaçados.

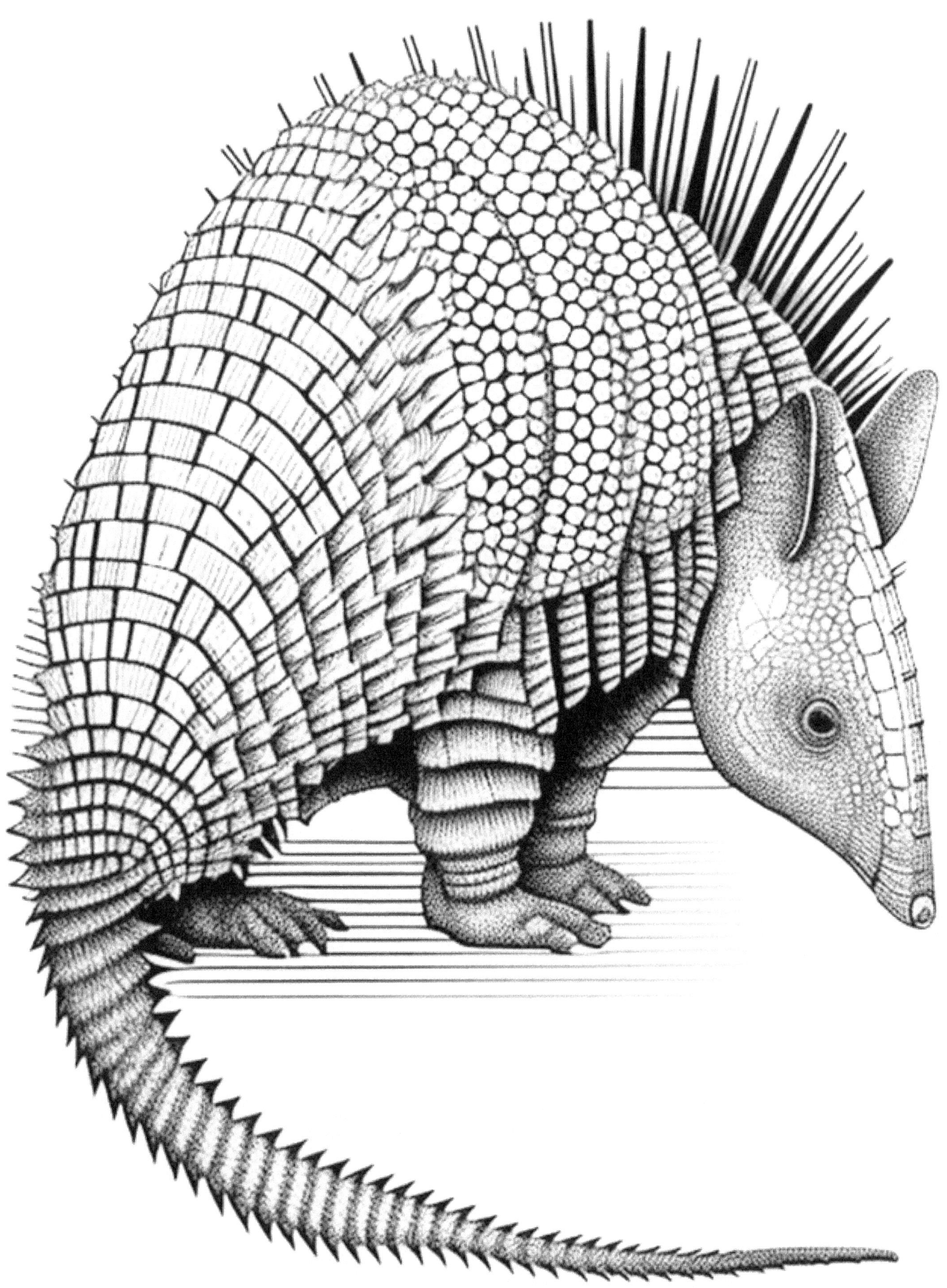

Águia

Águias são grandes aves de rapina pertencentes à família *Accipitridae*. Eles são encontrados em todos os continentes exceto na Antártida e são conhecidos por suas garras afiadas e bicos curvados. As águias são animais carnívoros que se alimentam de uma variedade de presas, incluindo mamíferos, aves, répteis e peixes. Elas também são predadores de topo e desempenham um papel importante na manutenção do equilíbrio do seu ecossistema.

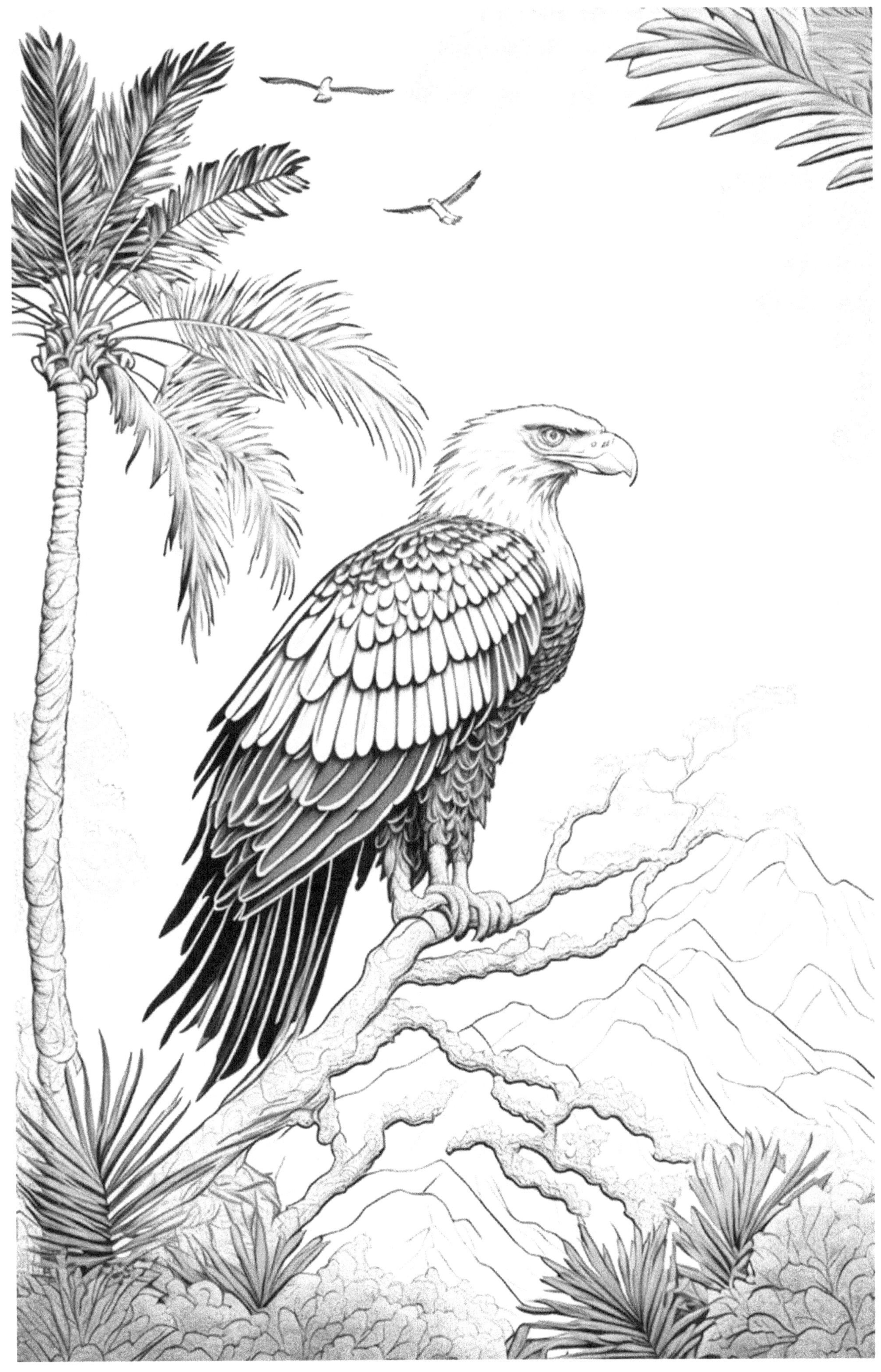

Jibóia

Jibóias são grandes cobras não venenosas pertencentes à família *boidae*. São encontradas nas Américas e conhecidas por seus padrões distintos e capacidade de constritar suas presas. Jibóias são carnívoras que se alimentam de uma variedade de animais, incluindo mamíferos, aves, répteis e anfíbios. Elas também são excelentes escaladoras e podem ser encontradas em vários habitats.

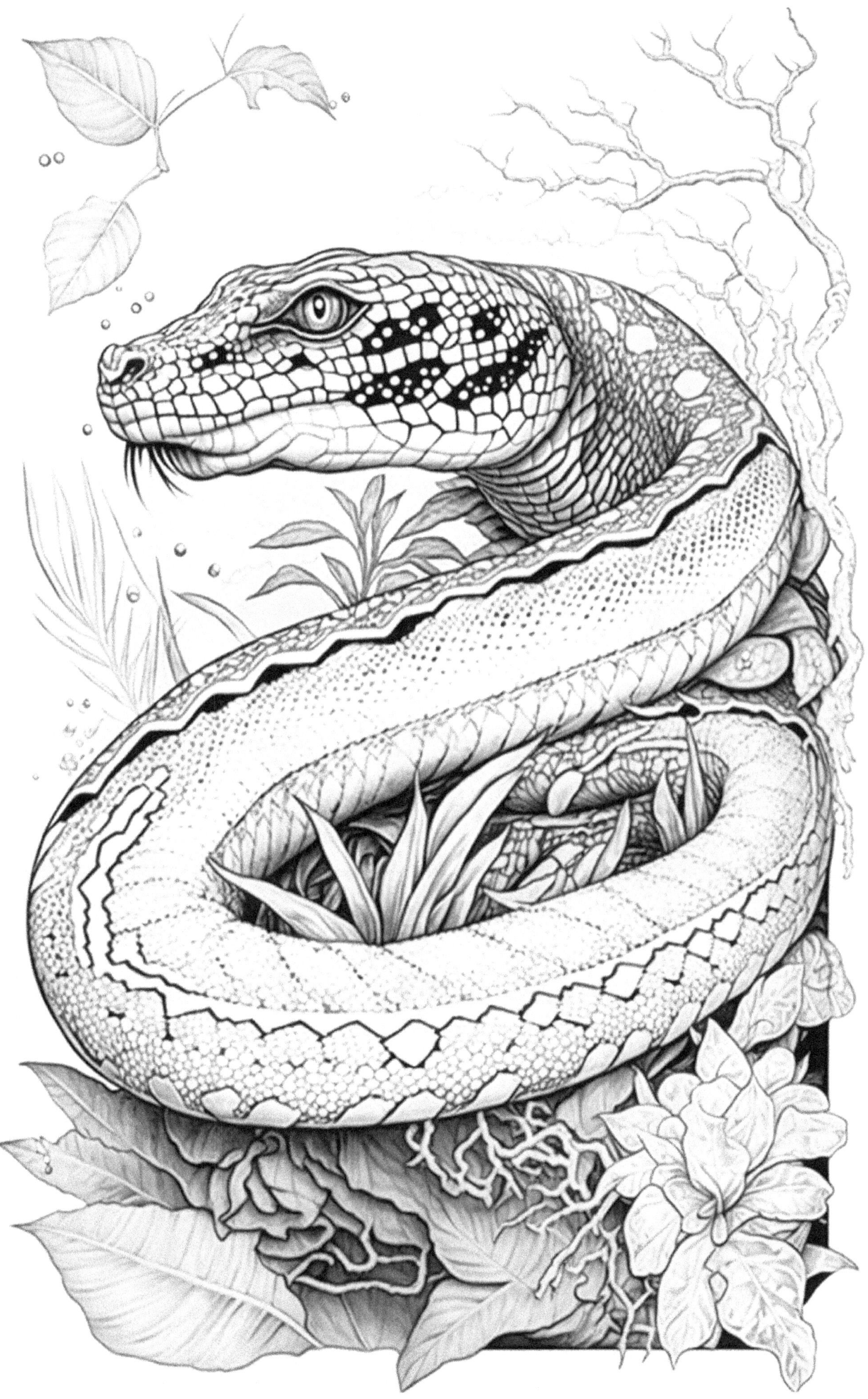

Floresta Temperada

É formada por quatro estratos básicos de vegetação, sendo eles:

<u>Rasteiro</u>: composto por líquens e musgos;
<u>Herbáceo</u>: composto por capins e ervas que florescem na primavera;
<u>Arbustivo</u>: composto por árvores de três a cinco metros, como a amoreira silvestre;
<u>Arbóreo</u>: composto por árvores de grande porte, como o carvalho e o bordo.

A queda das folhas no final do outono e início do inverno é uma das principais características das florestas temperadas. O objetivo é reduzir o metabolismo da planta como importante estratégia de defesa, uma vez que os invernos são rigorosos e chegam a durar até três meses. São biomas que apresentam quatro estações bem definidas.
A flora é composta por árvores de grande porte e folhas largas.

Lobo

Os lobos têm um ótimo olfato e audição o que lhes permitem procurar suas presas e possibilita a comunicação entre eles.
Também possuem uma boa visão, permitindo-lhes caçar com sucesso durante a noite.
São muito territorialistas e delimitam seu espaço marcando com urina, fezes ou impregnando o terreno com seu cheiro.

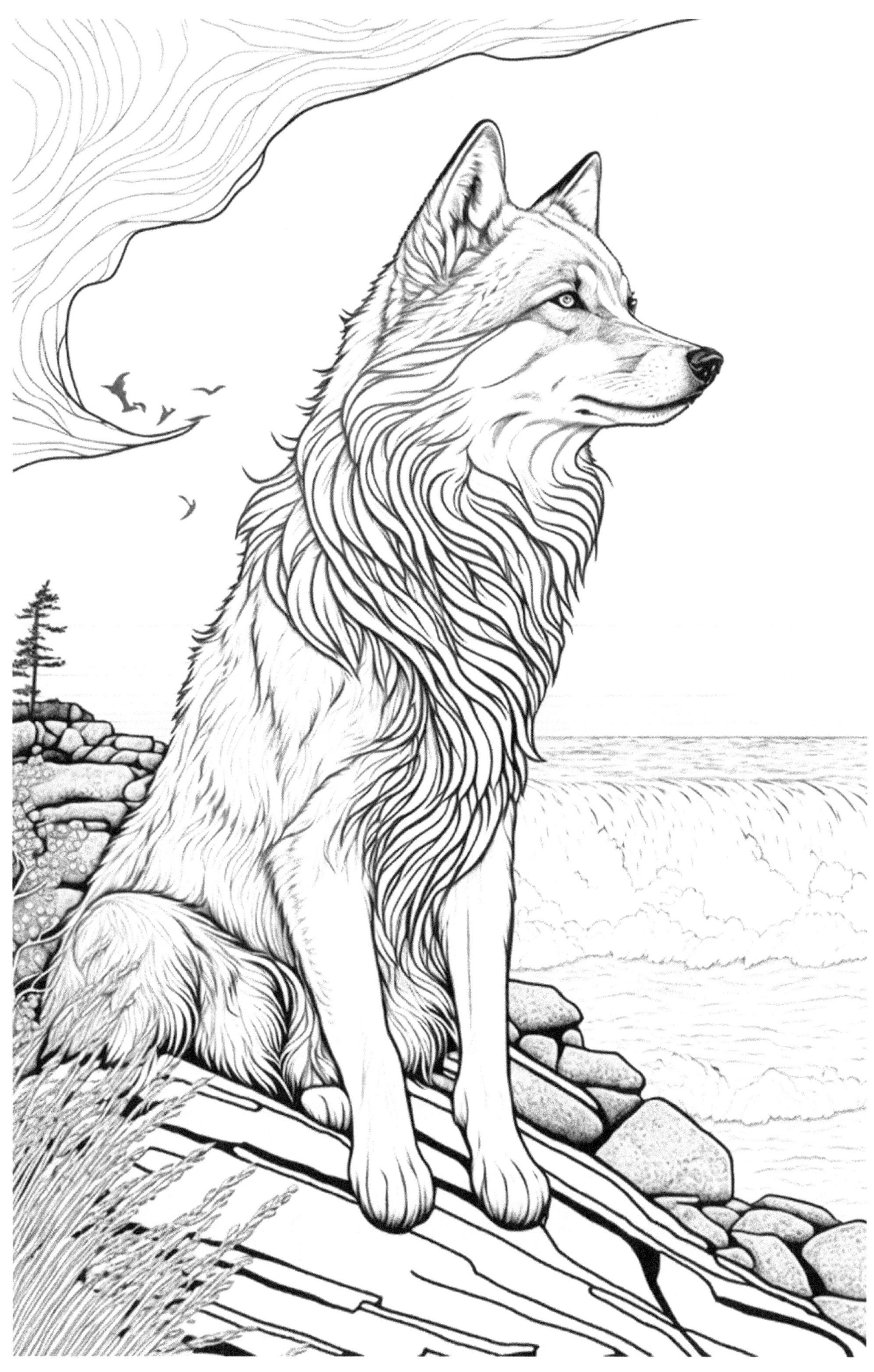

Veado

Os veados são mamíferos placentários que formam a família *cervídeos*. A principal característica são os chifres; essas estruturas ósseas estão presentes em todos os cervos, exceto nos cervos aquáticos chineses *(Hydropotes inermis inermis)*.

Outra característica dos chifres é que apenas os machos os têm, exceto no caso das espécies *Rangifer*, onde ambos os sexos têm chifres.

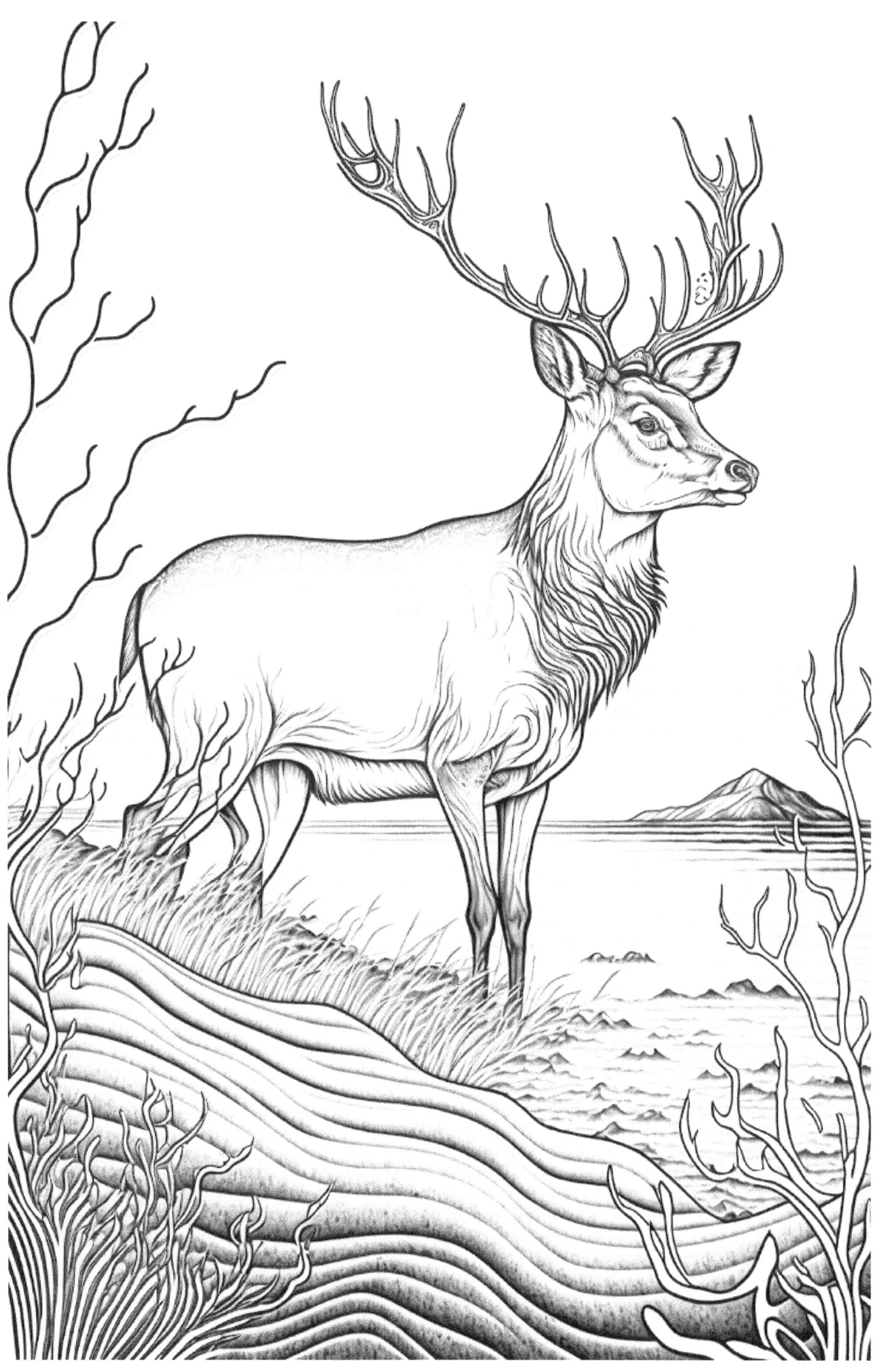

Morcegos

Os morcegos são mamíferos de pequeno porte, os maiores indivíduos pertencem a uma família de morcegos gigantes e podem apresentar até 1,70m de envergadura e pesar cerca de 1,2kg. Apresentam geralmente olhos pequenos, grandes orelhas e dentes afiados.
Os morcegos possuem algumas características comuns a outros mamíferos como o corpo coberto por pelos, sendo que a densidade desses pelos varia conforme a espécie, bem como a coloração, que varia, geralmente, entre o marrom e o pardo acinzentado.

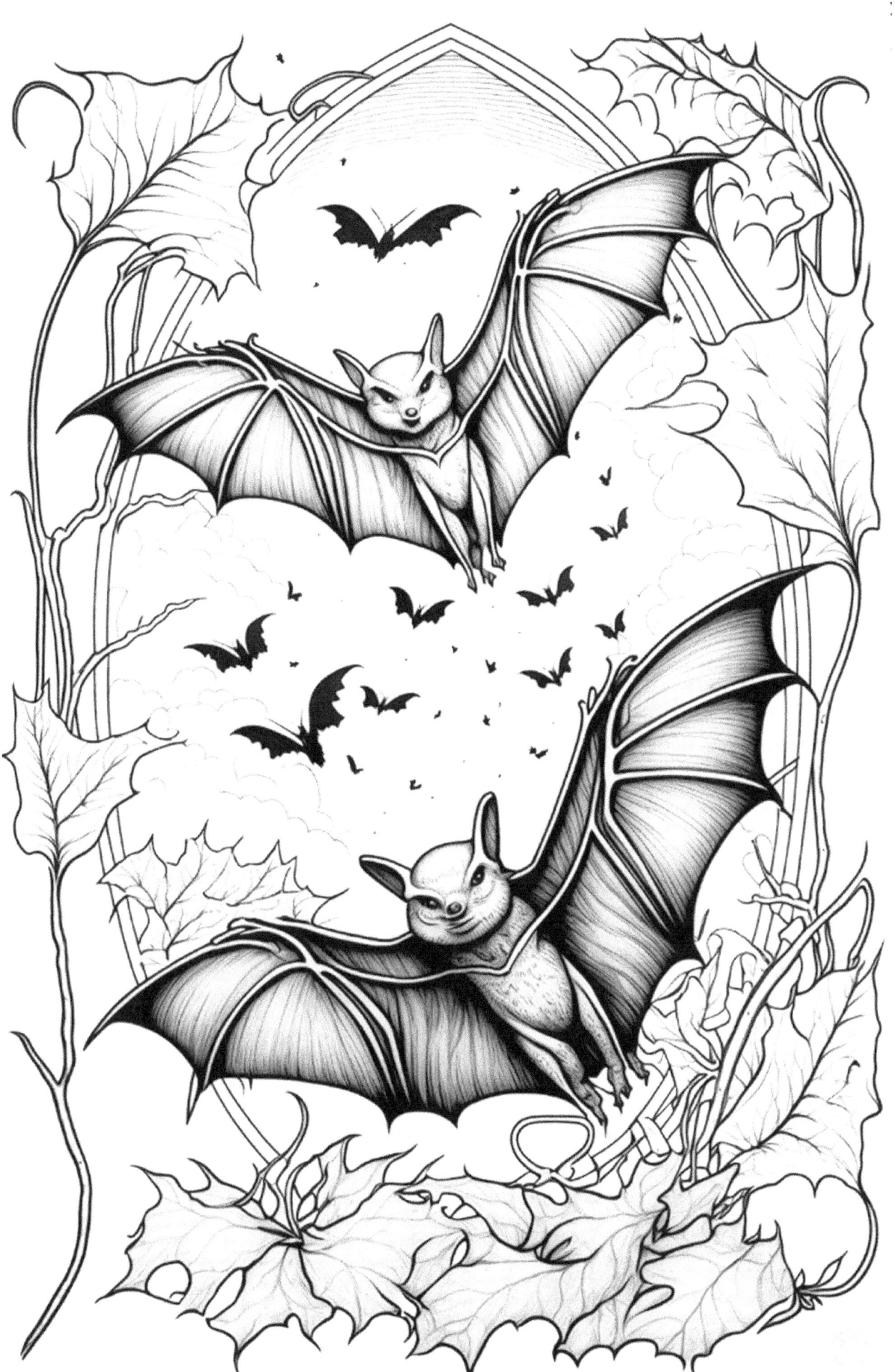

Coruja

As corujas são um grupo de aves que apresentam algumas características peculiares como rosto achatado, olhos voltados para frente, bico curvado e forte. São animais que possuem uma grande variedade de tamanho, existindo espécies pequenas, com cerca de 60g e outras que podem pesar até mais de 1kg.
A coloração das penas varia de uma espécie para outra, mas a maioria apresenta penas marrons, brancas ou cinzas.

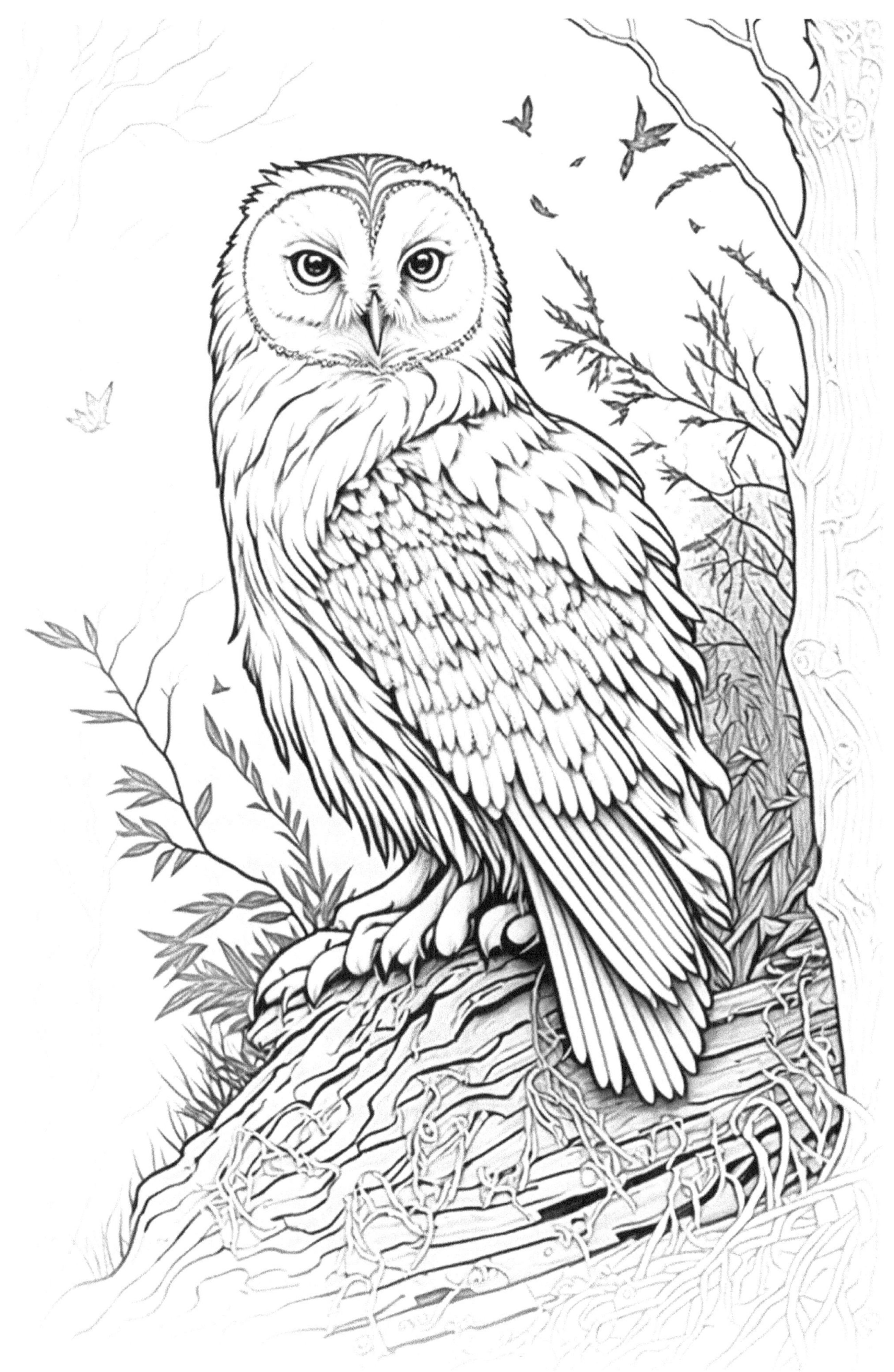

Urso coala

O corpo do coala é em forma de ovo e não tem cauda, uma característica muito peculiar desta espécie.
Seu rosto é largo, com grandes olhos, orelhas redondas e peludas.
Os coalas apresentam um notável dimorfismo sexual, que facilita a diferenciação de machos e fêmeas.
Os machos são geralmente mais compridos que as fêmeas, com cabeça e nariz maiores. Além disso, seu peito é largo e tem uma cor marrom.

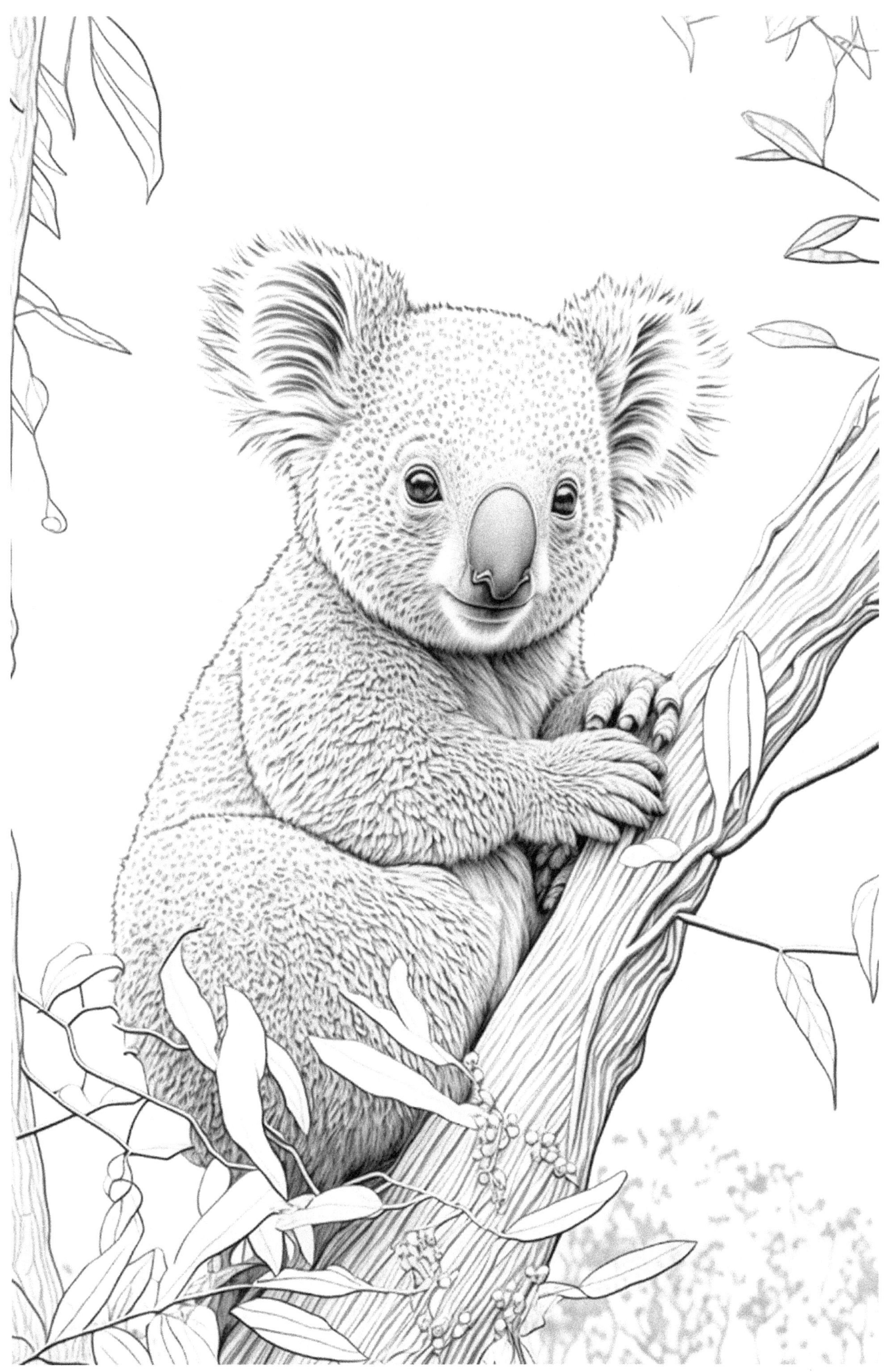

Canguru

Os cangurus são animais que fazem parte da família *macropodidae*, família essa que recebe tal nome devido aos grandes pés de seus representantes.

Os cangurus, além dos grandes pés, possuem pernas traseiras grandes e bem desenvolvidas.

As pernas fortes desse animal são essenciais para garantir-se um salto adequado.

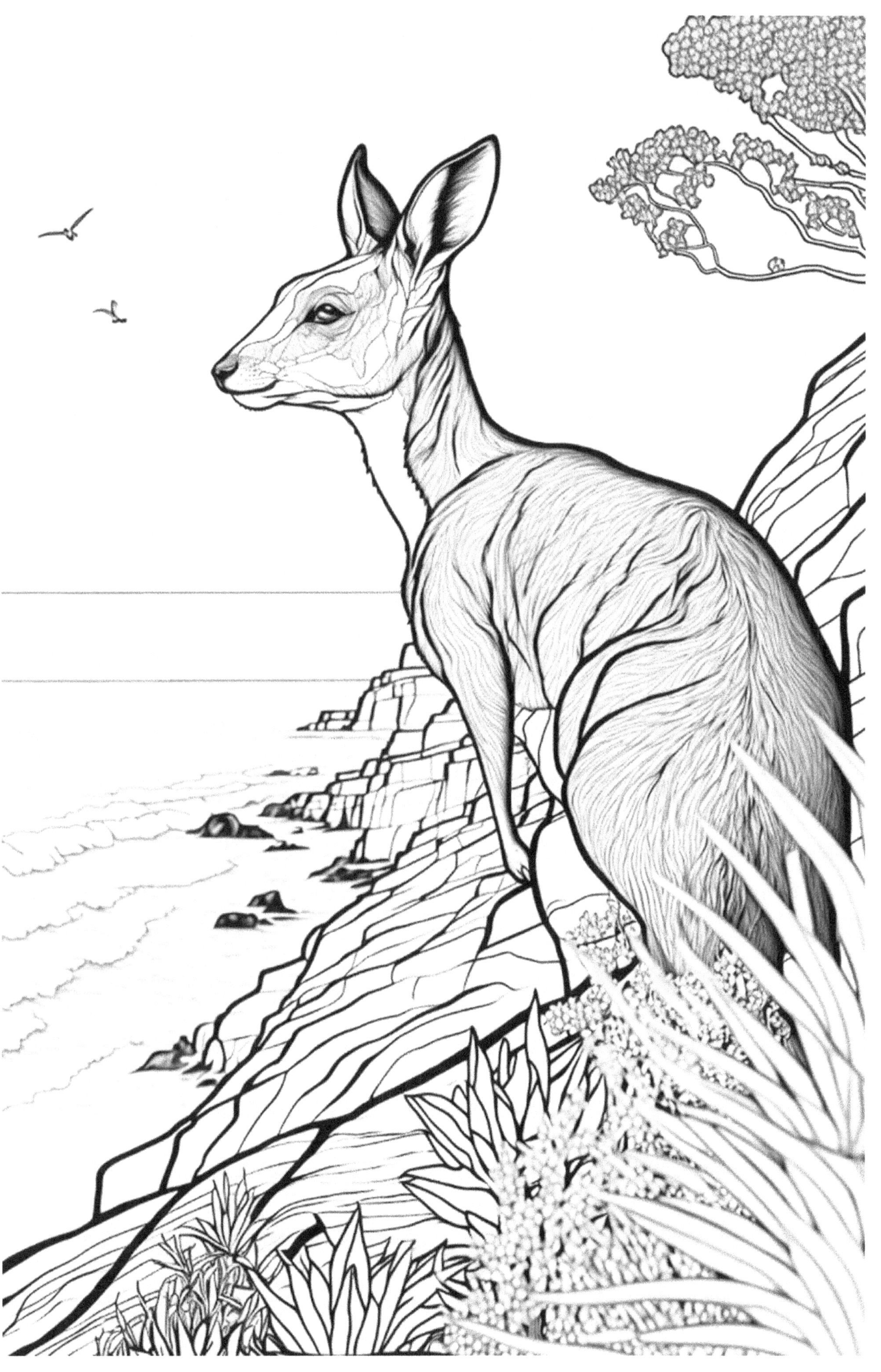

Urso panda gigante

Os pandas gigantes são mamíferos que vivem nas florestas da China.
Eles apresentam um padrão de pelagem bastante característico, sendo esses reconhecidos facilmente a partir de seus pelos brancos e manchas negras ao redor dos olhos, orelhas, membros e ombros. Esses animais pesam entre 75Kg e 160Kg e podem atingir mais de 1,20m de altura.

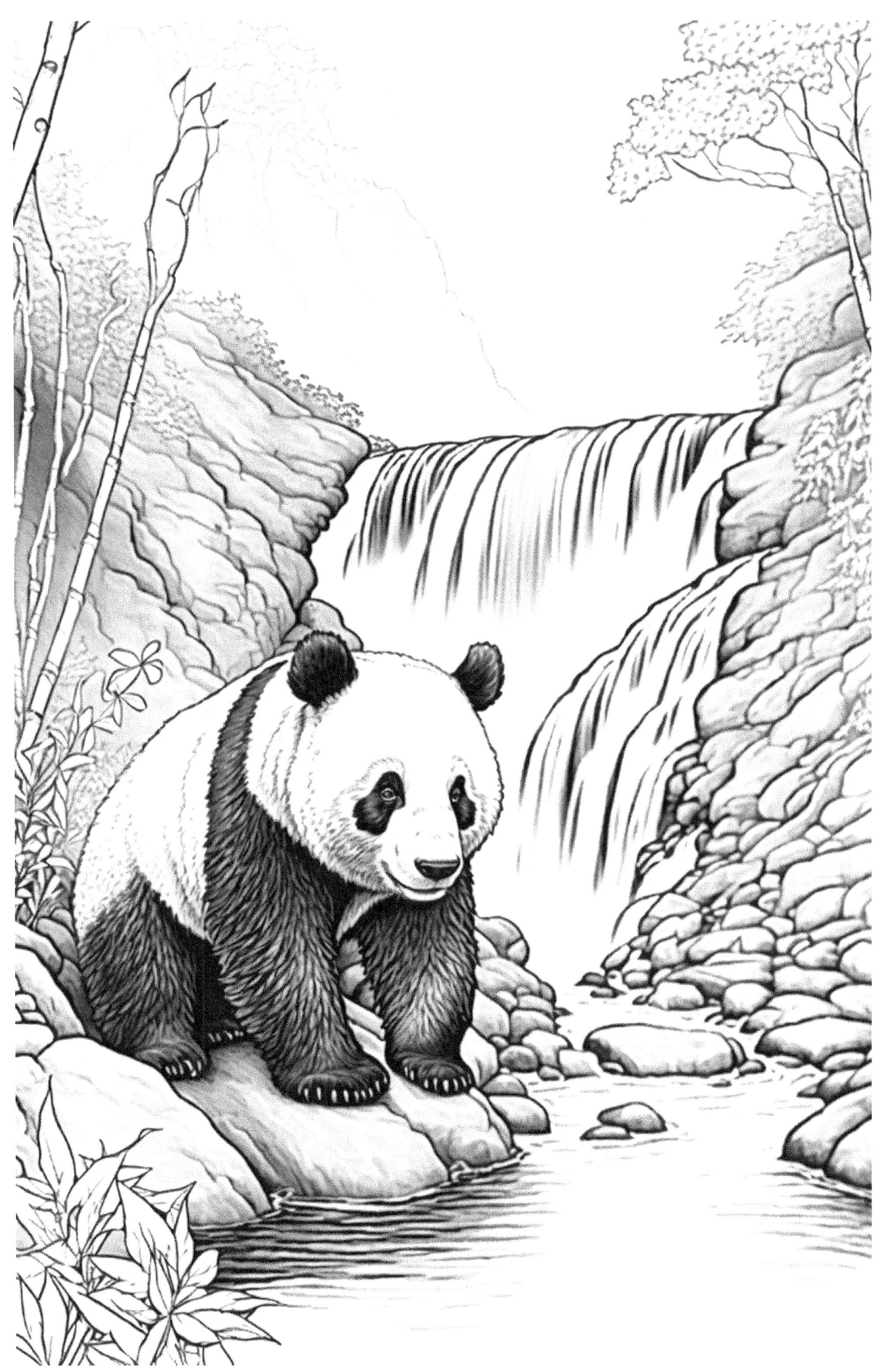

Floresta Boreal

É um bioma constituído pela Taiga — também chamada de Conífera. Este tipo de vegetação é formada principalmente por pinheiros, ciprestes, abetos, espruces e larícios. Estas árvores são altas, com troncos retos, copas em formato de cone, folhas finas em forma de agulha e revestidas por uma substância parecida com resina. Característica fundamental para que não acumulem neve e evita a perda de umidade e o congelamento.

A fauna também não é rica em variedade de espécies. É um bioma que apresenta clima frio e úmido. Se estende pelas regiões frias do norte da Rússia, Escandinávia e Canadá, acima da latitude 50° Norte - com clima muito frio e solo gelado. Os animais que vivem na floresta boreal são adaptados ao clima frio e úmido, com neve pelo menos durante a metade do ano e temperatura mínima de -50°C e características especiais que os ajudam a sobreviver em um ambiente tão hostil.

Esquilos

Os esquilos são roedores de pequeno porte com cauda longa e peluda. Eles têm dentes afiados e fortes, que usam para roer nozes e sementes. São animais ágeis e rápidos, capazes de saltar de árvore em árvore com facilidade.
Eles são encontrados em muitas partes do mundo e vivem em florestas, parques e jardins.

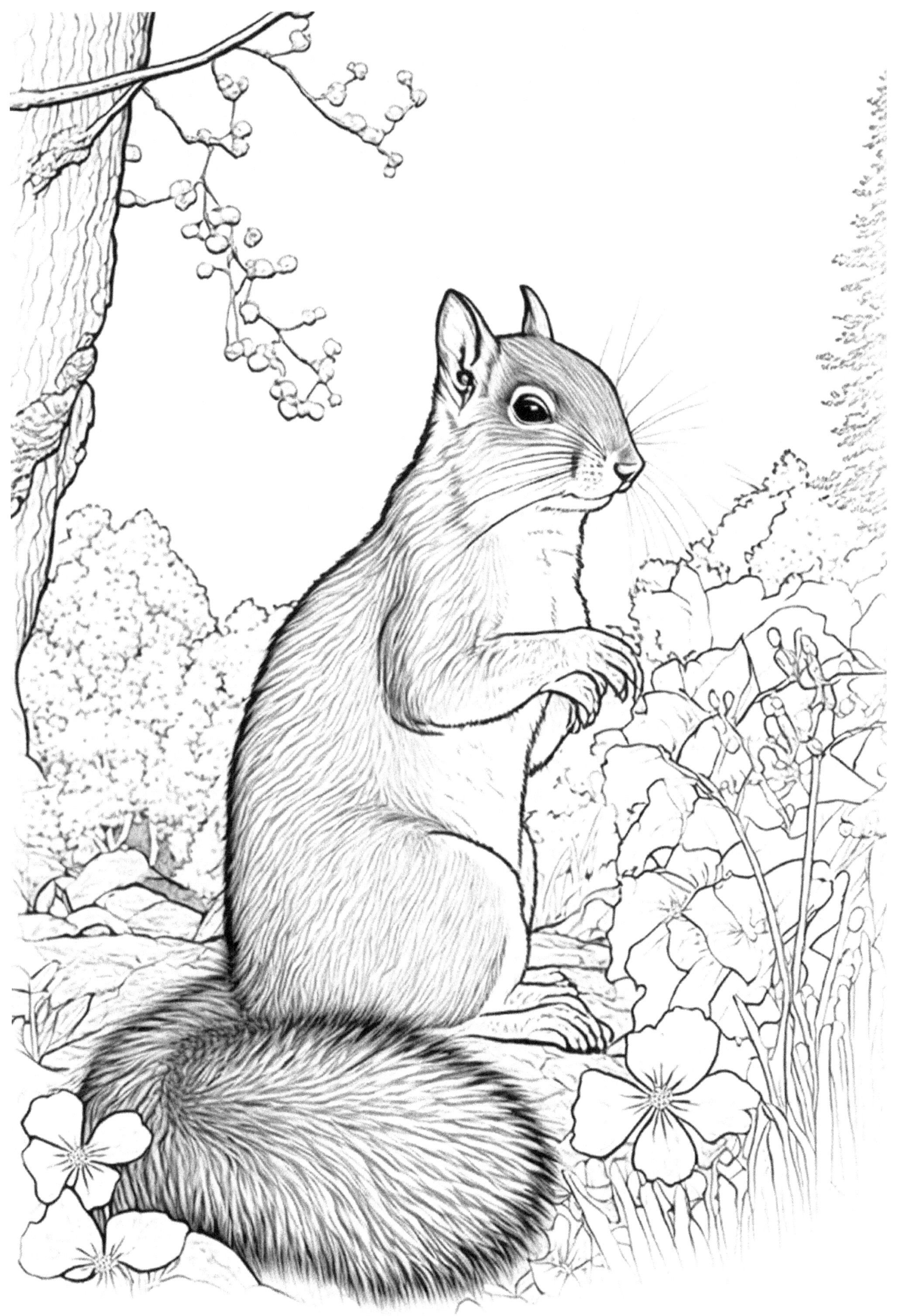

Renas

As renas são mamíferos da família dos *cervídeos*, encontrados nas regiões frias do hemisfério norte.
Elas têm pelagem espessa para se proteger do frio e chifres grandes e ramificados.
As renas são animais sociais que vivem em grupos e se alimentam principalmente de líquens, musgos e folhas.

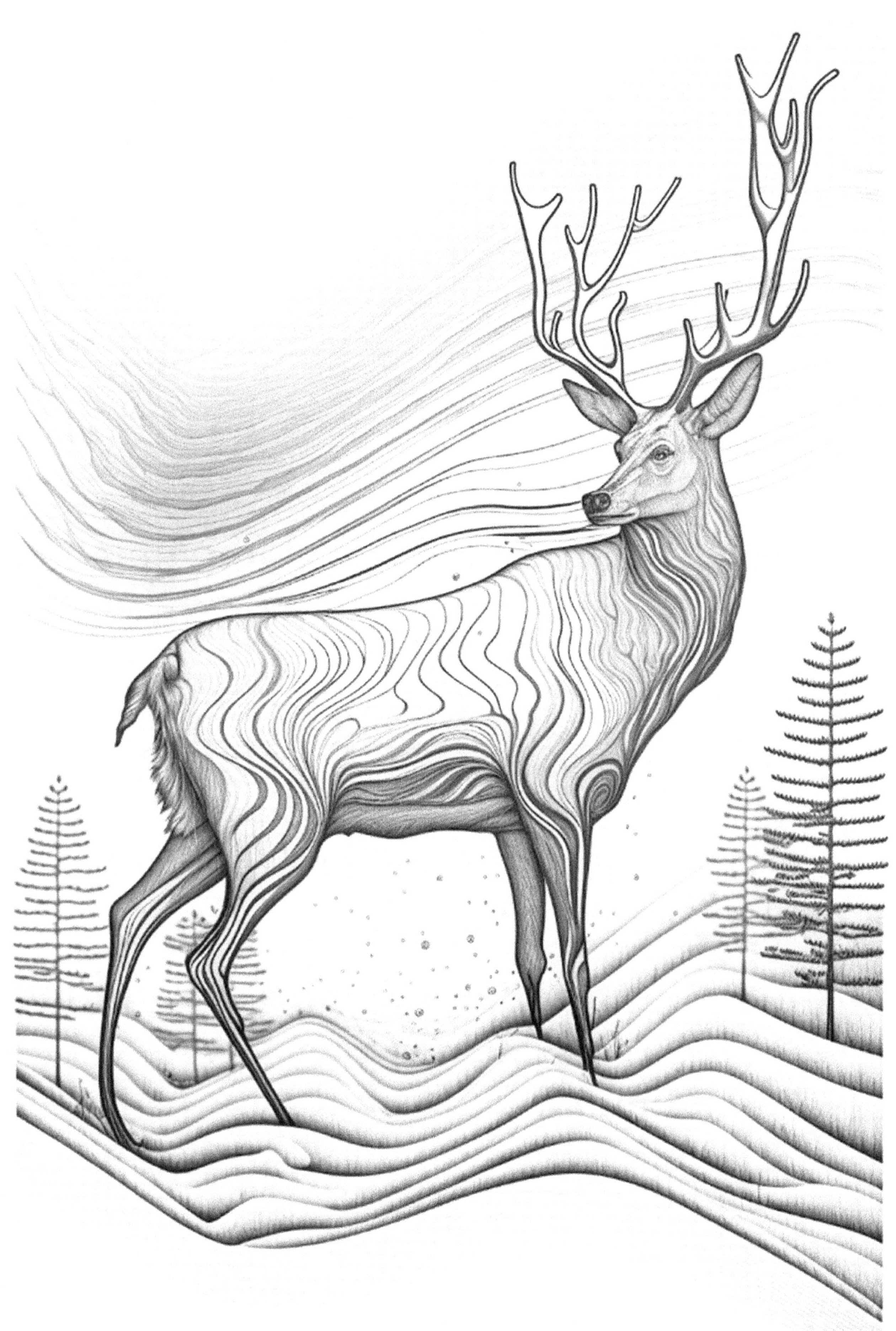

Raposas

As raposas são mamíferos carnívoros da família dos *canídeos*. Elas têm pelagem espessa, geralmente de cor avermelhada, e cauda longa e peluda.
São animais astutos e inteligentes, capazes de se adaptar a diferentes ambientes.
Se alimentam de pequenos mamíferos, aves, insetos e frutas.

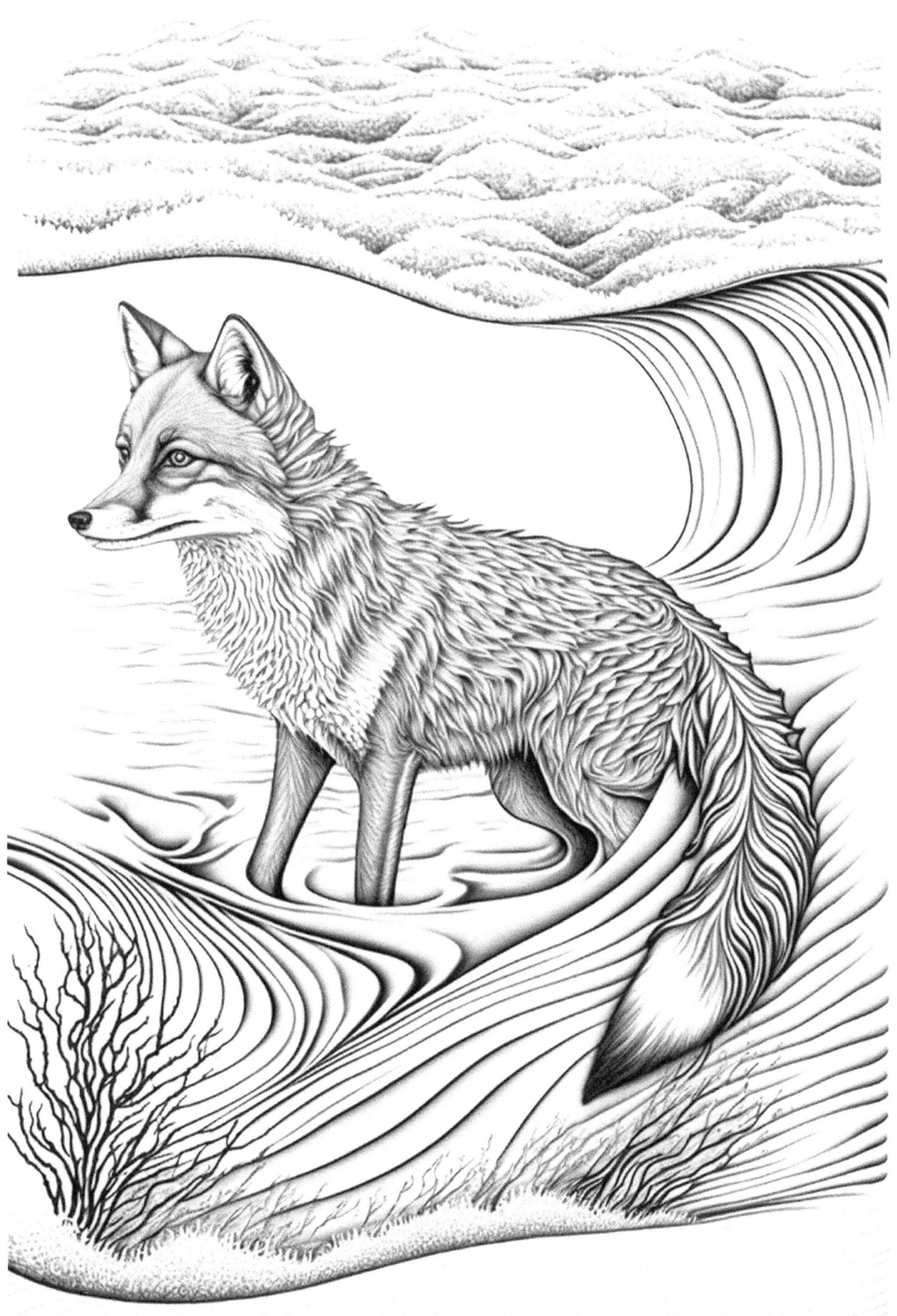

Urso polar

Os ursos polares são mamíferos carnívoros encontrados nas regiões árticas do mundo. Eles têm pelagem branca espessa para se proteger do frio e patas grandes com garras afiadas para caçar suas presas. São excelentes nadadores e se alimentam principalmente de focas.

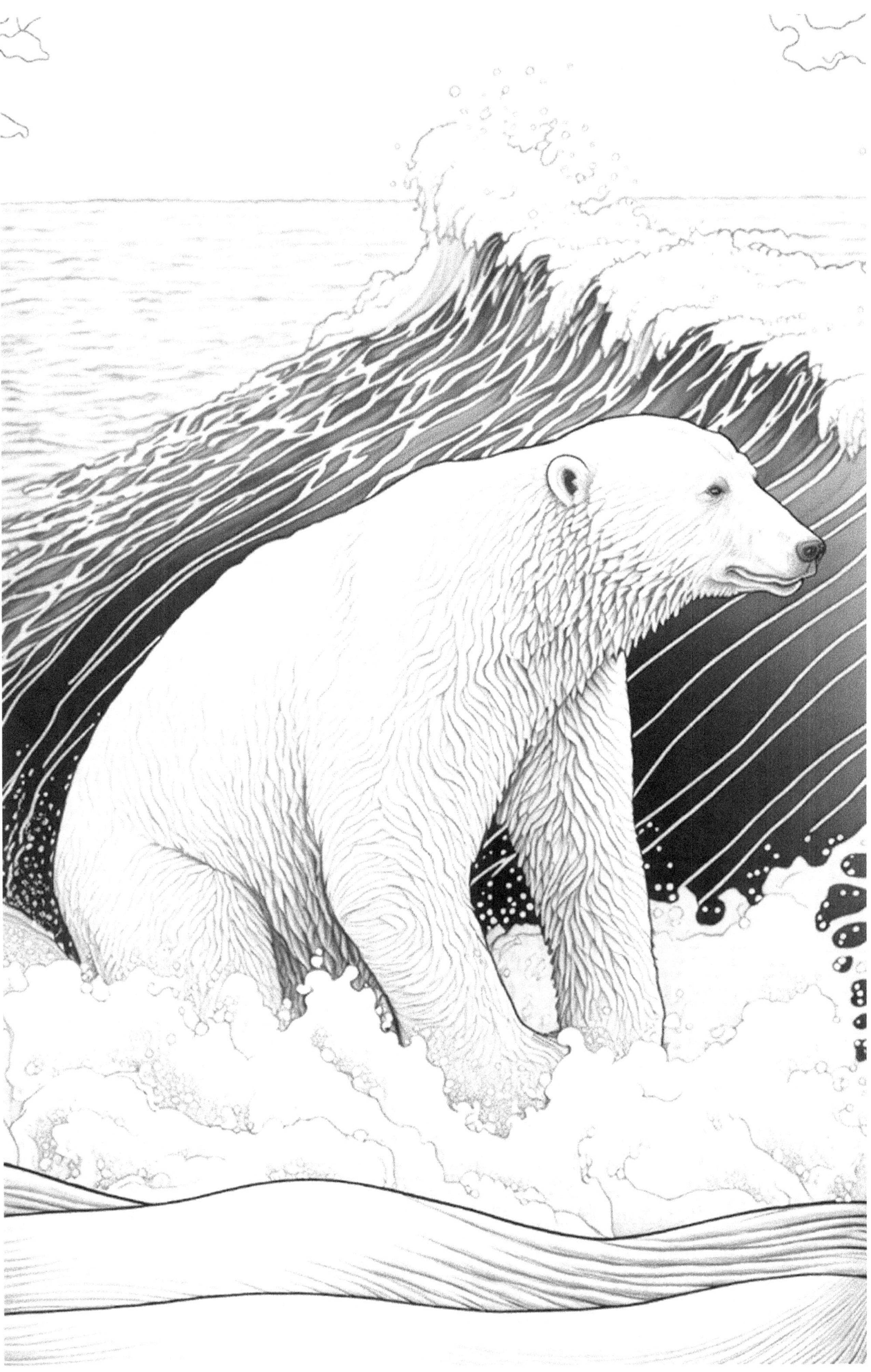

Castores

Os castores são roedores semi-aquáticos encontrados na América do Norte e na Europa. Eles têm pelagem espessa para se proteger do frio e dentes afiados para roer madeira. Os castores são conhecidos por construir represas em rios para criar lagoas onde possam viver.
Eles se alimentam principalmente de casca de árvore, folhas e plantas aquáticas.

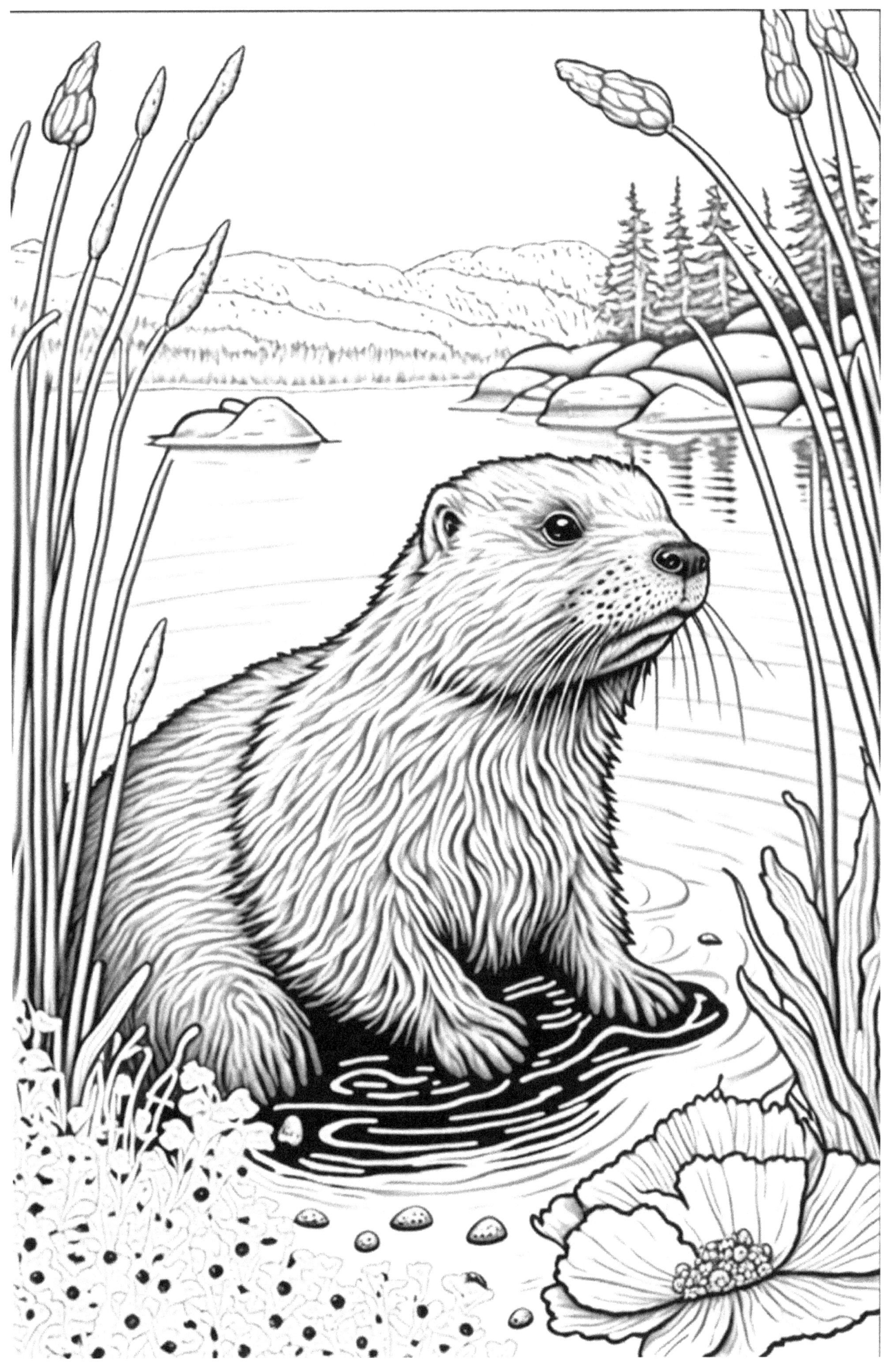

Coruja cinzenta

A coruja cinzenta é uma ave de rapina encontrada na América do Norte, ela tem plumagem cinza com manchas brancas e olhos grandes e amarelos.
A coruja cinzenta é uma caçadora noturna que se alimenta principalmente de pequenos mamíferos, como ratos e coelhos.

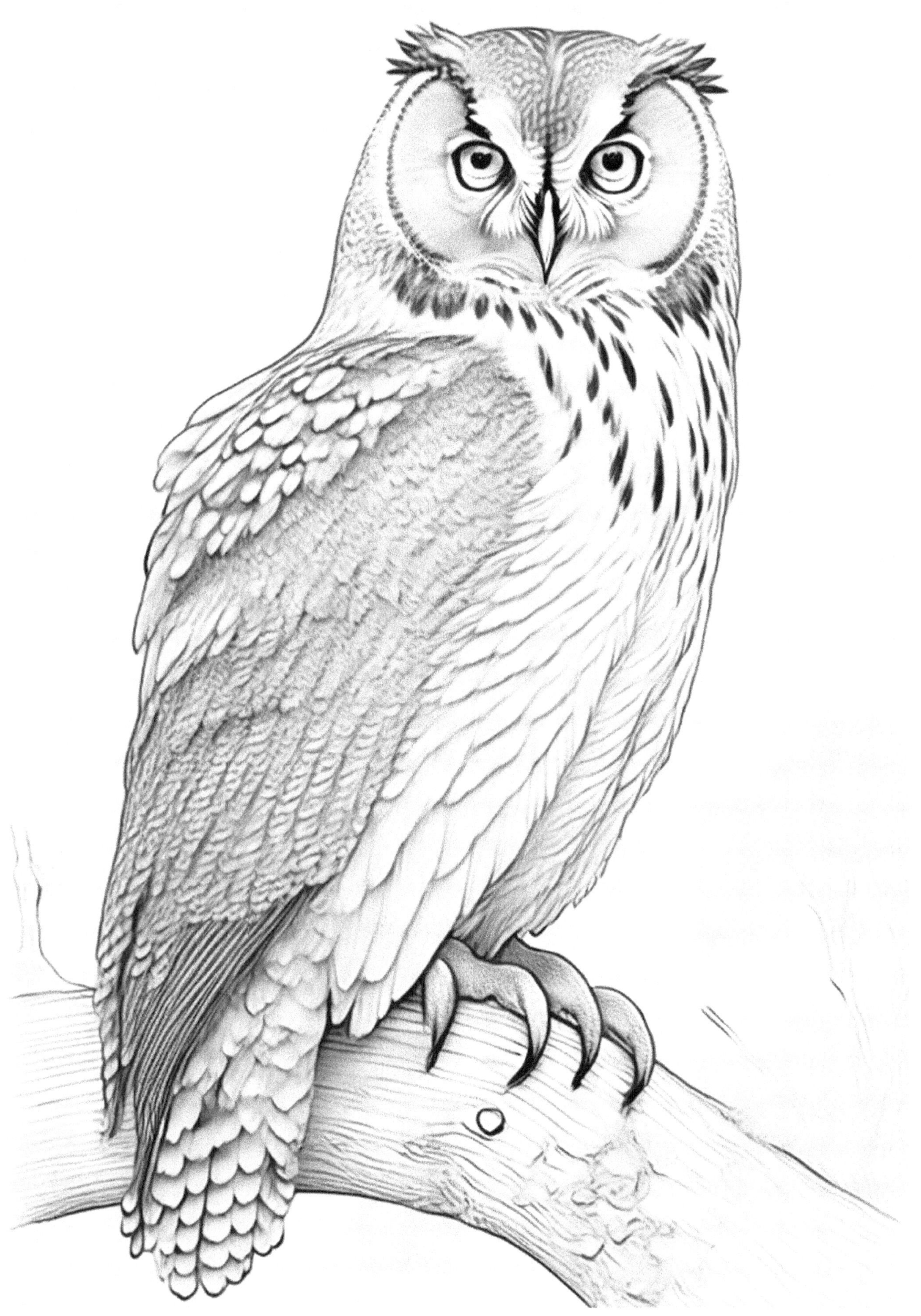

Lebre americana

A lebre americana é um mamífero da família dos *leporídeos*, encontrado na América do Norte. Ela tem pelagem espessa para se proteger do frio e orelhas longas para detectar predadores.
A lebre americana é um animal rápido que pode correr a velocidades superiores a 70 km/h, se alimentando principalmente de folhas, casca de árvore e brotos.

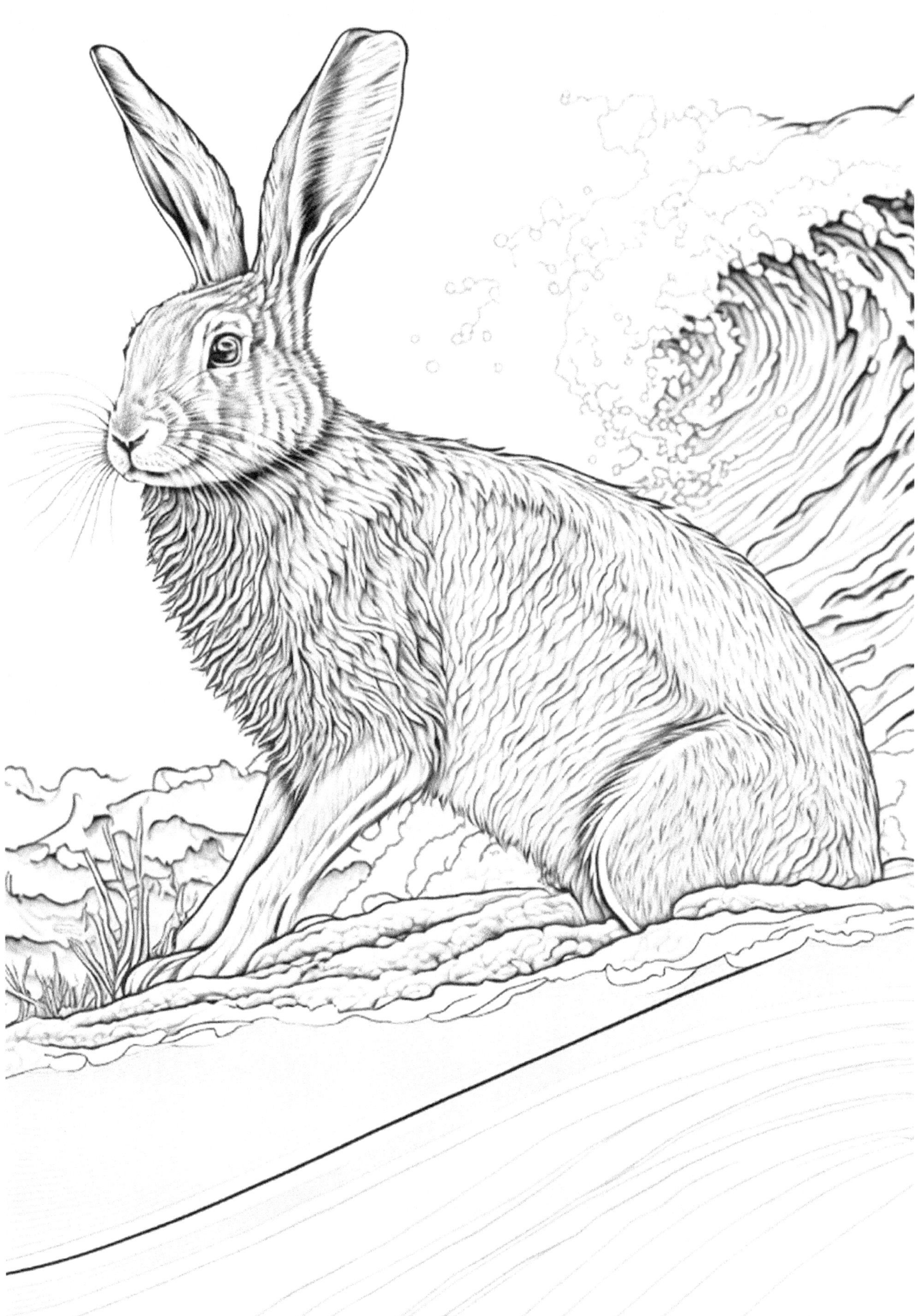

9 7 9 8 8 5 8 4 0 2 6 8 8